PIÈCES JUSTIFICATIVES

A l'appui de la lettre adressée par M. Mirès, le
9 janvier 1864, à Sa Majesté l'Empereur, pour sur-
monter l'opposition du Préfet de police à la réunion
des actionnaires de la Caisse générale des Chemins
de fer.

1864

AVIS DE CONVOCATION

CAISSE GÉNÉRALE DES CHEMINS DE FER

M. Mirès a l'honneur de prévenir les actionnaires de la *Caisse générale des Chemins de fer* qu'il les convoque pour mardi, 12 janvier 1864 à une heure de l'après-midi.

La réunion aura lieu dans la demeure de M. Mirès : *on entrera p.ir la nouvelle rue de Rouen, 6.*

Les actionnaires sont convoqués en vertu de l'article 14 de la loi du 17 juillet 1856 sur les Sociétés en commandite , qui autorise les actionnaires à se réunir dans un intérêt commun et collectif.

Les actionnaires, après avoir entendu un rapport sur la situation, auront à délibérer sur leur intervention pour obtenir la reddition des comptes par les liquidateurs.

Ils savent que la gérance soutient que le capital de 50 millions était intact lorsque se sont produits les faits qui ont amené la dissolution, tandis que les liquidateurs, au contraire, prétendent que le capital est réduit à 6 ou 7 millions.

Il leur importe de savoir comment et par quelles circonstances une perte si considérable a été faite.

Les actionnaires délibéreront sur les pouvoirs à donner à un ou plusieurs mandataires pour faire rentrer six ou huit millions de francs provenant de réclamations à faire, soit au Gouvernement Ottoman, soit à diverses Compagnies, réclamations qui ont pour base des erreurs commises dans le cours de cette liquidation.

M. Mirès fait cette convocation :

1º Comme ancien gérant *moralement responsable* de toute perte antérieure à la mise en liquidation et RÉELLEMENT *responsable envers les tiers de toute espèce de déficit.*

2º Comme actionnaire ayant, d'après la loi de 1856, le droit de se réunir et de se syndiquer avec tous ses associés ou avec une partie de ses associés pour défendre à toutes actions judiciaires les intéressant.

3º Comme mandataire d'un très-grand nombre d'actionnaires dont il a reçu les pouvoirs, parce qu'il importe à tous, mandants et mandataires, de combiner et concerter leurs efforts pour arriver, le plus tôt et le plus avantageusement possible, au terme de la liquidation et à la distribution de l'actif restant.

L'autorité sera avertie de cette convocation, afin qu'elle puisse, selon son droit, s'y faire représenter.

Pour assister à cette assemblée, les actionnaires devront déposer au moins dix actions chez M. Mirès, 3º, rue Neuve-des-Mathurins.

Il leur sera délivré en échange un récépissé et une carte d'entrée.

VILLE DE PARIS
Quartier St-Merri

COMMISSARIAT DE POLICE

CABINET
du
PRÉFET DE POLICE

2me **Bureau**
Réunions.

LETTRE

DE M. LE PRÉFET DE POLICE

A

M. BLANCHE, COMMISSAIRE DE POLICE

Paris, le 20 décembre 1863.

Monsieur,

Messieurs Houzeau et Desplas, accompagnés de M. Judlin, demeurant avenue Victoria, 15, tous les trois actionnaires de la Caisse générale des Chemins de fer, ont demandé l'autorisation de convoquer leurs coactionnaires dans un intérêt commun et collectif.

Je ne vois, en ce qui me concerne, aucun obstacle à la réunion projetée, et j'autoriserais volontiers cette réunion au point de vue administratif, mais à la charge par les pétitionnaires de justifier préalablement de l'autorisation ou de l'adhésion, soit du Président du tribunal de commerce, soit de toute autre juridiction compétente.

Dans ce dernier cas, avis devra m'en être donné quelques jours à l'avance.

Je vous prie, Monsieur, de transmettre ma réponse *in extenso* à ces Messieurs, dans la personne de M. Houzeau, papetier, 22, rue Saint-Antoine.

Recevez, Monsieur, l'assurance de ma parfaite considération,

Pour le Préfet de police :

Le Chef de Cabinet, Signé : ARRIGHI

Pour copie conforme :

Le Commissaire de police du quartier St-Merri,

EUG. BLANCHE.

RÉPONSE DES ACTIONNAIRES

A

M. LE PRÉFET DE POLICE

Paris, le 30 décembre 1863.

A Monsieur le Préfet de police.

Monsieur le Préfet,

En conformité de l'avis que vous nous avez fait donner le 20 courant, à MM. Desplas, Houzeau, et à moi, nous avons demandé une audience à M. le Président Denière que nous venons de quitter ; ce magistrat, après nous avoir écoutés avec une grande bienveillance, nous a déclaré qu'il n'a aucune qualité pour donner l'*autorisation* ou l'*adhésion* préalable à une assemblée d'actionnaires, et qu'en conséquence, il ne pouvait nous donner aucune réponse.

L'opinion exprimée par M. Denière étant exactement la nôtre, nous n'avons eu qu'à nous retirer.

Dans l'état des choses, j'ai l'honneur de vous demander, Monsieur le Préfet, si actuellement nous allons être autorisés à nous réunir, par l'autorité compétente.

Veuillez, etc.

Signé : JUDLIN.

LETTRE DE M. MIRÈS

A

M. LE DUC DE MORNY

A Monsieur le duc de Morny.

Monsieur le duc,

La conduite de M. Boittelle, à mon égard, est si étrange, si incroyable qu'on ne peut vraiment lui en attribuer la responsabilité. Je puis le dire sans crainte d'être démenti, ses procédés sont tels, qu'à moins d'un ordre formel et supérieur, nul n'oserait faire contre moi ce que M. Boittelle se permet; jugez-en.

Vers le milieu du mois dernier, dans un entretien avec Me X..., avocat, je lui soumettais les moyens légaux que je me proposais d'employer pour obtenir des comptes justificatifs de mes liquidateurs. Me X... me fit observer que le moyen le plus légal était une assemblée générale des actionnaires que je convoquerais en vertu non-seulement des statuts, mais encore de la loi sur les Sociétés en commandite. Sur la crainte que j'exprimais qu'une autorisation administrative étant nécessaire elle me serait refusée par M. Boittelle, Mᵉ X... me répondit que cela était impossible, que la loi me protégeait et qu'en définitive le préfet ne pouvait s'opposer à la réunion d'actionnaires qui ne débattaient que des intérêts communs et collectifs. Il m'offrit même son intervention auprès de M. Boittelle. J'acceptai cette offre, et par suite, il eut une conférence avec MM. XX......

Après que MM. XX... eurent rendu compte de l'entretien qui avait eu lieu, ces Messieurs firent connaitre à Mᵉ X... que pour faciliter l'obtention de l'autorisation, M. le préfet désirait que la demande fût faite par des actionnaires de la Caisse générale des Chemins de fer; c'est ce qui a été fait. Or, après trois semaines d'attente, le préfet refuse verbalement et s'abrite, le croiriez-vous? derrière M. Denière! Tout cela serait plaisant ou ridicule, si cela n'était pas odieusement triste !

Je vous l'ai dit, Monsieur le duc, et vous le savez; contre moi, la loi, l'équité sont constamment violées et je crains bien que sans votre puissante intervention, je ne voie pas de terme à la persécution qui, depuis trois ans, ne me laisse pas un jour, un moment de repos !

Je vous en supplie, Monsieur la duc, au nom de la justice, de l'honneur, et, s'il faut le dire, au nom de l'humanité, prenez en sérieuse considération ma prière ; faites que cette persécution finisse ; vous n'avez qu'à vouloir pour obtenir, lorsque vous parlez au nom de la loi et de la justice. Ce langage, aucun souverain ne l'a mieux compris que Sa Majesté et nul n'est mieux que vous en situation de le faire entendre.

C'est avec la plus profonde conviction que je vous le dis, Monsieur le duc, jamais vous n'aurez fait un acte plus sage, plus digne que celui que je réclame de vous, et, je vous l'affirme, vous ne pourrez rencontrer une meilleure occasion de rendre un signalé service tant au Gouvernement qu'à votre très-humble et très-affectionné,

Signé : J. MIRÈS.

Paris, le 13 décembre 1863.

N° 5.

Notification à M. Mirès d'avoir à exécuter la condamnation prononcée par la Cour de Douai, pour contravention à la loi du colportage en distribuant sa défense.

Paris, le 17 décembre 1863.

Le chef de la 1re division à la Préfecture de police croit devoir informer M. Mirès que l'exécution de la peine qu'il a encourue devant la Cour impériale de Douai ne saurait être différée plus longtemps. Des ordres sont donnés pour que M. Mirès soit écroué à Sainte-Pélagie et admis au pavillon réservé aux condamnés pour délits de presse. En conséquence, il est invité à se présenter vendredi 18 ou samedi 19 courant, à midi, à la Préfecture de police (1re division) d'où le soussigné le fera accompagner au parquet, chargé de décerner l'ordre d'écrou.

Le chef de la première division.

Signé : METTETAL

LETTRE DE M. MIRÈS

A

M. LE PRÉFET DE POLICE

Monsieur le Préfet,

Par une communication en date d'hier, M. Mettetal, votre chef de division, me rappelle la contravention à la loi du colportage que j'ai commise, en distribuant moi-même ma défense devant la Cour impériale de Douai, contravention qui a donné naissance à une condamnation à un mois de prison. Votre chef de division ajoute que l'exécution de cette condamnation ne peut être différée ; et, en conséquence, il m'invite en termes exprès, à me rendre aujourd'hui ou demain à midi à la Préfecture de police, pour me faire de là accompagner au parquet, et me faire écrouer.

En réponse à cette invitation, j'ai l'honneur de vous faire observer que des procès très-importants pour moi, et surtout pour mes malheureux actionnaires, se plaident dans ce moment, et réclament mon concours personnel, ainsi que l'atteste la lettre ci-jointe de M⁰ Saglier, mon avocat.

Vous voudrez bien considérer, M. le Préfet, que les actionnaires de la Caisse générale des Chemins de fer, ruinés par des poursuites sans fondement et par une liquidation inintelligente, méritent à tous égards la bienveillance toute spéciale de l'administration ; c'est donc surtout dans leur intérêt que je demande l'autorisation de ne pas me constituer immédiatement prisonnier.

Indépendamment de ces motifs, j'en invoquerai un autre, qui peut-être, a échappé à votre attention.

J'ai convoqué les actionnaires de ladite Société, pour le 12 janvier prochain, afin de prendre en commun, conformément à la loi, des mesures pour la conservation et la protection de leurs intérêts ; or, d'ici-là, il est indispensable que je conserve ma liberté ; mais, je vous promets, M. le Préfet, de me constituer prisonnier à partir du 15 janvier prochain, au jour et à l'heure qu'il vous plaira indiquer.

A l'occasion de cette réunion, je crois devoir vous faire remarquer que la première convocation que j'avais fait insérer dimanche dernier dans les journaux *la Presse*, *la Patrie* et le *Journal des Débats*, s'appuyait en même temps sur les Statuts, et sur la loi du 17 juillet 1856 ; mais, par suite de l'arrêt rendu lundi dernier, par la première chambre de la Cour, qui déclare que le pacte social n'existe plus, j'ai, ainsi que vous pouvez le vérifier, modifié les termes de la convocation, et ce n'est plus qu'en vertu de la loi du 17 juillet 1856, que les actionnaires sont convoqués.

J'ai fait plus encore : afin de prouver à la Cour impériale, le respect que je professe pour ses décisoins, même lorsqu'elles blessent mes convictions et celles de mes conseils (sauf à me pourvoir selon mon droit), j'ai soumis à M. le premier Président les changements introduits dans ma convocation pour la réunion de mes actionnaires, réunion, que la Cour, par son arrêt, n'a pas eu la pensée d'interdire. Dans cette circonstance, j'ai eu la satisfaction de voir M. le premier Président, apprécier favorablement ma conduite.

Espérant que l'avis officieux de votre chef de division n'est nullement l'expression d'une pensée hostile, soit pour moi, soit pour les intérêts que je défends, je compte sur votre adhésion au sursis que je demande, et je profite de l'occasion si naturelle qui m'est offerte, pour vous donner officiellement avis de la réunion projetée. Je n'ai pas besoin d'ajouter que cette réunion n'aura qu'un but, l'intérêt de mes actionnaires, et qu'aucune autre discussion ne saurait y être engagée. Du reste, le représentant de l'autorité que vous déléguerez, ferait obstacle à toute manifestation qui pourrait se produire contre ma volonté.

J'ai l'honneur d'être, Monsieur le Préfet de police,

Votre très-humble et très-obéissant serviteur.

J. MIRÈS.

Paris, 19 décembre 1863.

Refus d'autorisation pour l'assemblée, signifié à la requête du Préfet de police.

Paris, 25 décembre 1863.

Nous, François-Léonard Bellanger, commissaire de police de la ville de Paris, plus spécialement chargé du quartier de la Chaussée-d'Antin,

En vertu des instructions de M. le Préfet de police,

Faisons connaître à Monsieur Mirès, demeurant rue Neuve-des-Mathurins, n° 39, qui avait informé ce magistrat qu'il doit réunir chez lui, le 12 janvier prochain, en assemblée générale, les actionnaires de la Caisse générale des Chemins de fer, que ladite réunion ne pourra avoir lieu que s'il nous justifie du consentement, par écrit, soit de M. le Président du tribunal de commerce, soit de toute autre juridiction compétente,

Et lui laissons la présente copie.

Le Commissaire de police,

Signé : BELLANGER.

Paris. — Imp. Vallée, 15, rue Breda.